Michael Wornest

Die Hanse im Spätmittelalter

GRIN Verlag

Bibliografische Information der Deutschen Nationalbibliothek:

Die Deutsche Bibliothek verzeichnet diese Publikation in der Deutschen National-
bibliografie; detaillierte bibliografische Daten sind im Internet über http://dnb.d-
nb.de/ abrufbar.

Impressum:

Copyright © 2012 GRIN Verlag GmbH
Druck und Bindung: Books on Demand GmbH, Norderstedt Germany
ISBN: 978-3-656-57549-8

Dieses Buch bei GRIN:

http://www.grin.com/de/e-book/230882/die-hanse-im-spaetmittelalter

GRIN - Your knowledge has value

Der GRIN Verlag publiziert seit 1998 wissenschaftliche Arbeiten von Studenten, Hochschullehrern und anderen Akademikern als eBook und gedrucktes Buch. Die Verlagswebsite www.grin.com ist die ideale Plattform zur Veröffentlichung von Hausarbeiten, Abschlussarbeiten, wissenschaftlichen Aufsätzen, Dissertationen und Fachbüchern.

Besuchen Sie uns im Internet:

http://www.grin.com/

http://www.facebook.com/grincom

http://www.twitter.com/grin_com

Essay – „Spätmittelalter"

Das Spätmittelalter gilt als die "Krisenzeit" des Mittelalters, u.a. wegen des starken Bevölkerungseinbruches, überwiegend durch die großen Pestwellen, aber auch infolge von Missernten, den daraus resultierenden Jahren des Hungerns und dem Ausbrechen von Epidemien. Auch zerfallen zunehmend die allgemeinen Machtstrukturen. Seit dem Interregnum setzt sich bei der Königswahl das Wahlrecht der Fürsten gegenüber dem Erbrecht durch. Die Königswahl wird zunehmend nur von den sieben bedeutendsten Fürsten des Reichs, den Kurfürsten, durchgeführt, und zwar von den Erzbischöfen von Köln. Mainz, Trier, dem König von Böhmen, dem Pfalzgraf bei Rhein, dem Herzog von Sachsen und dem Markgrafen von Brandenburg. All dies sind natürlich Beispiele, die für einen Zerfall des Mittelalters hindeuten und somit die These der „Krisenzeit" bestätigen. Aber dennoch gibt es in dieser Epoche auch viele Ereignisse die gegen einen Zerfall sprechen, u.a. der Aufstieg der Habsburger zu einer „Weltmacht", das Ausbreiten des Universitätswesens in Europa, das durchsetzen eines allgemeinen Gerichtswesen im Heiligen Romischen Reich (Deutscher Nation) oder auch das erstarken der Städte, durch z.b. Städtebündnisse. Das gleiche gilt auch für den Aufschwung der Hanse, mit welchem ich beweisen möchte, dass das Spätmittelalter auch ein Zeitalter des Aufstieges und Wachstumes war.

Die Hanse war ursprünglich ein Zusammenschluss fahrender Kaufleute im 12. Jahrhundert, welche sich im 13. Jahrhundert zu einem der mächtigsten Städtebündnisse entwickelte.[1] Dieses Städtebündnis sollte für rund 300 Jahre Handel, Schifffahrt und Politik im Nord –und Ostseeraum maßgeblich bestimmen. Es gab viele lokale „Hansen", bevor aus diesen die „Deutsche Hanse" im 13. Jahrhundert entstand und auf der politischen Bühne Europas erschien. Ihre Ursprünge hatte die Hanse in Köln und London, wo sich die Kaufleute zu einer Genossenschaft vereinten. Diese erhielten im Jahre 1157 für ihre Niederlassung, die Londoner Guildhall und ihre Waren den besonderen Schutz des Königs. Ab 1175 bekamen sie das Privileg des freien Handels im gesamten Königreich.[2] Wichtiger für die Geschichte der Hanse waren die Vorgänge im 12. Und 13. Jahrhundert im

---

[1] North, Michael: Europa Expandiert 1250 – 1500, Stuttgart 2007. S. 178
[2] Henn, Volker: Was war die Hanse? Lübeck 1998. S. 14 ff.

1

Ostseeraum. So kam es dort zur Gründung Lübecks, die Städtegründungen im Rahmen der Ostkolonisation und die damit einhergehende Entstehung der deutschen Gotlandfahrergenossenschaft. [3] Auf der Insel Gotland in der Stadt Visby entstand im 1161 eine Gilde, die Gemeinschaft der deutschen Gotlandfahrer. Diese war ein Zusammenschluss von einzelnen Kaufleuten ähnlicher Herkunft und Handelsinteressen aus dem nordwestlichen Teilen Deutschlands, wie zB. von Lübeck und aus Neugründungen von Städten an der Ostsee. Visby wurde zu einem wichtigen Knotenpunkt im Ostseehandel mit Hauptverbindung nach Lübeck. Diese Gilde der Kaufmannsleute aus dem Heiligen Römischen Reich, die sich gegenseitigen Schutz und Hilfe schworen, sollte zur Basis der Hanse werden. Die Gemeinschaft der „Gotlandfahrer" war die erste Vorstufe der späteren Hanse, die sich vorerst auf den territorialen Raum der Ostsee konzentrierte. Gegen Ende des 12. Jahrhunderts kam ein Handelsvertrag mit der in Russland gelegenen Stadt Nowgorod zustande, auf dessen Grundlage dort auch der „St. Peterhof" entstand.[4]

Im Jahre 1159 wurde dann die Hansestadt Lübeck vom sächsischen Herzog Heinrich dem Löwen neu gegründet. Nach Köln war Lübeck im späten Mittelalter die zweitgrößte Stadt in Deutschland und sollte später das wichtigste (Handels-)Zentrum des Bundes und als die „Königin der Hanse" in die Geschichte eingehen. In der ersten Hälfte des 13. Jahrhunderts (ca. 1230) kam es zur Vereinigung der beiden Handelszentren Hamburg und Lübeck und diese gewannen dadurch gemeinsam die Kontrolle über die Handelsrouten im Nord- und Ostseeraum. Damit konnten sie sich eine sehr mächtige Stellung im nordeuropäischen Handel sichern. Im Jahre1259 folgten dann die Städte Wismar Lübeck und Rostock der Vereinigung. Bereits ein Jahrzehnt später erhielten Hamburg und Lübeck das Recht, Kontore in London zu gründen. Dieses Privileg war zuvor nur den Kaufleuten aus Köln gewährt worden. Zur etwa gleichen Zeit erlangten Lübeck und Hamburg die weitgehende Herrschaft über den Handel zwischen Deutschland und den Küstenstädten im Osten von England. 1281 kam es dann zu einem Handelsabkommen zwischen Lübeck, Riga und Visby für den östlichen Raum und zu einem gegenseitigen Schutzbündnis.[5] Hierdurch versprachen sich nicht mehr wie früher die Kaufleute untereinander Schutz, sondern die Städte. Etwa zur gleichen Zeit führten die anderen hansischen Städte aus

---

[3] Ebd. S. 19
[4] North, Michael: Europa Expandiert 1250 – 1500, Stuttgart 2007. S. 179 f
[5] Henn, Volker: Was war die Hanse? Lübeck 1998. S. 42

wirtschaftlichen Gründen Handelsblockaden gegen die Handelsposten in Nowgorod (1277/78) und Brügge (1280-1282) durch. Der Boykott gegen Norwegen dauerte ganze zehn Jahre (1284-1294). Wichtige Handelskontore, die von der Blockade in Norwegen erfasst worden, waren zum einen in Bergen („Tyskebryggen") und zum anderen in Oslo. Durch den immer größer werdenden Einfluss und Wohlstand der Städte Lübeck und Hamburg schlossen sich nach und nach immer mehr norddeutsche Städte, u. a. auch Danzig und Bremen, sowie andere Handelszusammenschlüsse deutscher Städte dem Bund an. Einer dieser Zusammenschlüsse umfasste Städte aus Sachsen und Brandenburg, eine andere westfälische und rheinische Städte, eine dritte pommersche und preußische Städte. Erst im Jahre 1356 schlossen sich dann auf dem erstmalig stattfindenden Hansetag in der Stadt Lübeck die einzelnen Hansen offiziell zu einem offiziellen Bund zusammen (dem Bund „van der düdeschen hanse"). Auf dem dann zwei Jahre später folgenden Hansetag wurde aus der ehemaligen Kaufmannshanse eine Städtehanse („steden van der düdeschen hanse"). Die Hanse entwickelte sich sehr schnell und setzte sich bald aus über 85 Kernstädten zusammen. Insgesamt gehörten dem Bund zeitweise bis zu etwa 200 Städte an. Die Bauernrepublik Dithmarschen und der Deutsche Orden waren dabei die einzigen nichtstädtischen Mitglieder der Hanse. Der Krieg gegen die Dänen war der Höhepunkt der politischen und wirtschaftlichen Macht der Hanse. 1360/1361 wurden Schonen und Gotland von Waldemar IV. Atterdag erobert und die Hanse sah dies als Bedrohung der errichteten Handelsverbindungen an. 1362 ließ man die lübische Flotte auslaufen und erlitt eine große Niederlage. Im Zeitraum von 1367 bis 1385 kommt es zur Kölner Konföderation gegen die Dänen, in der der Hansetag in Köln ein Bündnis gegen Dänemark beschloss. Die militärische Lage wurde von Waldemar IV. falsch eingeschätzt, wodurch die Stadt Kopenhagen größtenteils zerstört wurde.1369 wurde vom dänischen Reichsrat um Frieden gebeten. Im Gegensatz zum König von Schweden und dem Grafen von Holstein, die den Krieg fortführen wollten, kam die Hanse der Bitte nach Frieden nach und beendete den Krieg. Kurz darauf folgte 1370 der Frieden von Stralsund und die Hanse war im Zenit ihrer europäischen Macht angelangt. [6] Seit dem beginnenden 15. Jahrhundert beginnt dann langsam der Niedergang der Hanse. Durch innere Bürgerkämpfe und dem späteren Auftreten von religiösen Auseinandersetzungen wie

---

[6] Henn, Volker: Was war die Hanse? Lübeck 1998. S. 57

z.B, der Reformation wurde die Hanse nach und nach geschwächt. Des Weiteren nahmen auch die nord- und ostdeutschen Territorialfürsten größeren Machteinfluss auf die Städte und den Handel und setzten dadurch die Hanse sehr stark unter Druck.[7]

Wie man anhand der Hanse sieht gab es nicht nur den charakteristischen Zerfall im Spätmittelalter. Die Hanse konnte sich trotz der Krisenzeiten zu der mächtigsten Handelsvereinigung im Nord- und Ostseeraum entwickeln und ihr Machteinfluss reichte bis weit ins Binnenland hinein. Sie erreichte im Spätmittelalter ihren Höhepunkt und spielte, auch wenn sich bereits Ende des 15. Jahrhunderts einige Auflösungserscheinungen erkennen ließen, bis Mitte des 17. Jahrhundert eine wichtige Rolle im nordeuropäischen Handel. Somit lässt sich ganz deutlich erkennen dass für einige Strukturen und historische Erscheinungen das Spätmittelalter die Blütezeit darstellte.

Literaturverzeichnis

Henn, Volker: Was war die Hanse? Lübeck 1998

North, Michael: Europa Expandiert 1250 – 1500, Stuttgart 2007

---

[7] North, Michael: Europa Expandiert 1250 – 1500, Stuttgart 2007. S. 182